やり方ひとつでこんなに変わる！

20代教師のための
クラス回復術

桔梗友行 著

学陽書房

はじめに——「教師がつらい」と思ったときに

　本書『やり方ひとつでこんなに変わる！　20代教師のためのクラス回復術』を手に取っていただき、ありがとうございます。本書のタイトルを見て手に取ってくださった先生方は、今、授業や学級経営で困っていたり、これからのことで不安に思っていたりするのかもしれません。本書は、少しでもそんな先生方のお役に立てたらと思って書かせていただきました。
　僕も、教職についてからの15年間、さまざまな失敗を繰り返してきました。新任のときには、仕事が何もわからずに右往左往するばかり。同僚にも、何を聞けばいいのかわからず、ただただ思いつきで授業をするだけの毎日でした。そして、仕事がよくわからないので、さっさと家に帰ってしまう。その上、校外学習の集合時間には遅刻をする。さらには、個人懇談の最中にうつらうつらとしてしまう。それは、まあ、ひどいひどい新任教師でした。
　そんなひどい教師でも、何とかやってこられたのは、「桔梗さん、1年目は、休まなければ合格や。とにかく、休まずに頑張ろう！」という先輩の言葉でした。「そんなの簡単や！」と単純に思った僕は、「休まなければいい」ということだけを真に受けて元気に学校に行き続け、失敗しては先輩に叱られ、子どもたちには励まされ、保護者には支えられて、何とか乗り切ることができました。
　しかし、最近の教育現場は、「休まなければ合格」では済まない現状があります。教育に対する要望が多様化する中、一人ひとりの子どもへの対応、保護者からのクレームへの対応だけで手いっぱいとなり、授業の準備に手が回らず、授業や学級がうまくいかない。その悪循環に陥らないよう、絶対に失敗できないという雰囲気があります。
　本書では、「教師力」として、**「共感する力」**と**「振り返る力」**を挙げています。これは、失敗を繰り返す教師だからこそ、磨ける力であるといえます。20代のうちからすべてを失敗なくやっていくことはできません。むしろ、若いときにこそ、うまくいかないことをたくさん経験することが

大切なのです。そのことによって、子どもたちをより深く理解しようとしたり、同僚にもっと相談しようとしたりすることができるのです。
　もし、「失敗が怖くて、学校に行きたくない」と感じるようなことがある先生は、本書のChapter 2、Chapter 3だけでも読んでいただいて、同じような失敗をしてきた人間が、どうやって立ち直っていったのかを参考にしていただけると幸いです。
　Chapter 4では、「教師力」の1つとして、「**リセットする力**」を挙げました。たくさん失敗をして、くよくよして、周りに頼って、ということを繰り返しつつも、子どもの前では切り替えて元気になれる力です。これも、さまざまな失敗を経てこそ、自分なりに磨くことができる力です。
　本書を書いている最中に、僕がはじめて卒業させた6年生の三人が教職に就きました。「桔梗先生の姿を見て、教師を目指すようになった」と、お世辞でもうれしい言葉をいただきました。失敗ばかりで、ときには怒鳴りつけたり、理不尽なことを言ったりする教師である僕から、何を学んだのか……。それは、「とにかく元気に笑っていた」ということでした。
　小学生の子どもたちにとって、保護者以外にもっとも身近で働く大人は、教師ではないでしょうか。とにかく元気で、子どもたちの前で楽しそうに仕事をしている。それだけでも、まずは教師として立派に役目を果たしている。僕は、そう強く感じています。
　本書を通して、
　「○○さん、大丈夫！　みんないっぱい失敗しているよ。何でも聞いてくれたらオッケー。だから、とにかく笑って元気にやろう。教師ってたいへんやけど、めっちゃ面白いで！」
　そんなメッセージを伝えることができたら幸いです。
　最後になりましたが、田中君、佃君、戸田君。君たち三人に相談されたらどう答えるかを考えて、この本を書くことができました。ありがとう。そして、ともにがんばりましょう！

　　2016年9月

　　　　　　　　　　　　　　　　　　　　　　　　　　桔梗友行

contents

はじめに──「教師がつらい」と思ったときに……………3

Chapter 1 クラスが うまくいかなくなったとき

1. クラスがうまくいかないと感じたら……………10
2. クラスをまとめる３つの教師力……………12
3. クラスをまとめる３つの教師力①共感する力……………14
4. クラスをまとめる３つの教師力②振り返る力……………16
5. クラスをまとめる３つの教師力③リセットする力……………18
6. 教師に向いていないと考える人こそ教師に向いている……………20
7. 力は鍛えられる……………22

Column1　校内若手勉強会……………24

Chapter 2 クラスの子どもとつながるために ──共感する力がカギになる！

1. 失敗しながら共感する力を上げていこう……………26
2. ０点からの加点法……………28

contents

3 相手の中の「自分」に話しかける……………30
4 「困った子」ではなく「困っている子」がいる……………32
5 子どもに嫌われてはいけません……………34
6 「できない子」「わからない子」がいるおかげで……………36
7 子どもの学習タイプを知る……………38
8 子どもの気持ちを引き出すオープンクエスチョン……………40
9 子どもに感謝の気持ちをもつ……………42
10 一人ひとりとつながるシステムづくり……………44
11 子どもとどんどん遊びましょう……………46

Column2 保護者になってわかる……………48

Chapter 3 クラスの状態を把握するために
── 振り返る力をつけよう！

1 くよくよしながら振り返る力を磨こう……………50
2 そもそも何を振り返るか……………52
3 板書を記録してみよう……………54
4 「見るノート」で子どもの様子を振り返る……………56
5 作文のコメントで振り返る……………58
6 学級通信を活用して振り返る……………60

7 「なぜ?」と考える癖をつける……62
8 わからないから聞く……64
9 同僚と何を対話するか……66
10 対話の中で本質を見つける……68
11 授業を見せてもらおう……70
12 振り返りをまとめる機会をつくる……72

Column3 両極の教師から学ぶ……74

Chapter 4 教師が変わるとクラスは変わる
――リセットする力がクラスを変える!

1 リセットする力を上げて、元気に子どもの前に立つ……76
2 まずは教師が見本になる……78
3 教師は空気清浄機……80
4 事前に「最悪の事態」を想定しておく……82
5 笑顔で指導するための怒りのコントロール……84
6 リフレッシュのために趣味の時間を……86
7 やることに優先順位をつける仕事術……88
8 ルーティンをつくる……90
9 「初心忘るべからず」というワザ……92

contents

10 教材研究はワクワクするために……………94
11 「あの子のため」にがらりと授業を変える……………96
12 リセットするための片づけ・掃除……………98
Column4 子どもたちから学ぶ……………100

Chapter 5 教師であり続けるために
—— 学び続ける教師になる！

1 できないままで、いいわけはない……………102
2 「子どもが好き」だけではダメ……………104
3 教師が「師」をもつこと……………106
4 子どもの姿から学ぶ……………108
5 人格の完成を目指して……………110
6 失敗したことを笑って話せる職場に……………112
Column5 レッツ飲みニケーション……………114

Chapter 1

クラスが
うまくいかなくなったとき

Chapter 1
1 クラスが うまくいかないと 感じたら

新任で3年生を受けもったのですが、3学期になっても授業も学級経営もうまくいかず、毎日何かしら失敗をしてしまいます。そして、心配や焦りで仕事が進まず、くよくよするばかりで、不安がはち切れそうです。それでも、何とか毎日休まずに、学校に行くことはやめませんでした。

●毎日学校に行くだけで、まずは合格！

　クラスがうまくいかず、しんどい1年を過ごす。そんな時期が僕自身にもありました。そんな僕を救ってくれたのは、先輩教師が教えてくれた**「学校に来ているだけで、まずは合格！」**という言葉です。
　授業も学級経営もたいへんなことばかり。それでも、子どもたちの前に立つことができているからこそ、日々悩み、教師も成長できるのです。まずは、1年間学校に通い続けた自分をほめてあげてくださいね。

●相談できるメンターを見つけよう

　何よりも大切なのは、困ったときに**相談できる相手がいる**ということです。現場をよく知る同僚には具体的な相談ができますし、前任校の教師、サークルやセミナーで出会う他校の先輩教師なら、技術やネタなどのアドバイスももらえるでしょう。また、趣味の合う人や家族、友だちからは、教師とは違う視点で助言してもらえるかもしれません。相談できる人がいることが、何よりなのです。

> 📢 **ワンポイントアドバイス**

「困っている」ということを一人で抱え込まずに、同僚に、先輩に、友だちに、遠慮なく相談しましょう。もし、そんな人が誰もいないという人は、僕にメールをくださいね！　tomkick65@gmail.com

Chapter 1
2 クラスをまとめる3つの教師力

クラスがなかなかまとまらないとき、先輩によく相談します。そのとき言われたのが、「教師としての力」が足りないということです。はじめ、自分は教師に向いていないのかなと思ってしまいました。それから「教師力」とは何かと考えてきました。

●「教師力」は「師」としての力

「教師力」って不思議な言葉ですね。「人間力」や「女子力」のようにいろいろな「力」がありますが、「職業＋力」になるような言葉って、教師力以外ではほとんど聞かないように思います。それだけ、教師としての「生き方」が試されるということなのでしょう。つまり、子どもたちの**「師」らしく生きる力**のことなのだと思います。

●失敗して、くよくよして、それでも元気な人は教師力がある

失敗して、くよくよして、それでも元気に学校に行く。そんな教師は、十分に「教師力」があります。なぜなら、そんな教師の姿から、子どもたちは「学ぶ姿」を学ぶからです。僕は、教師力とは、次の3つの力であると考えます。**①共感する力、②振り返る力、③リセットする力**です。

失敗する教師は、失敗する子どもの気持ちがわかります。くよくよする教師は、授業や学級経営を振り返ることができます。そして、それでも元気でいる教師の姿から子どもは学ぶのです。

「教師力」という言葉に気負いすぎると…

「教師力＝立派な生き方」と思い込んではいけません。

失敗も「師」としての力に

失敗して、くよくよして、それでも元気な教師が子どもたちは大好きです。

ワンポイントアドバイス

先輩教師もベテラン教師も、みんな失敗しながら成長しています。むしろ、失敗したほうがいいのです。くよくよできるほうがいいのです。それでも元気でいられたら、それは教師力があるということなのです。

Chapter 1

3

クラスをまとめる3つの教師力①
共感する力

> 新任で3年生のクラスを担任していますが、同期の教師はてきぱきと授業も学級経営も上手にしているのに、自分は失敗ばかり。大人しい子とはうまくつながれるのに、やんちゃな子を叱れず、クラスがまとまりません。そんなときこそ、共感する力が大切であるとアドバイスされました。

●できないことがあるから共感できる

　ついつい自分を人と比べてしまい、落ち込むことってあります。うまくいかないときはなおさらです。でも、教師もできないことがあるからこそ、できないことがある子どもの気持ちがわかるのではないでしょうか。
　できないと悩む子どもの気持ちを理解して、その子どもに寄り添う。それは、教師にとって非常に大切な力です。

●失敗の経験をした教師の言葉だからこそ子どもに届く

　大人しい子とうまくつながれるということは、その子の気持ちがわかるからです。教師の言うことを聞かないやんちゃな子は、どんな気持ちでいるのでしょうか。やんちゃな子も、きっと何かうまくいかないことがあって、その気持ちをわかってほしいのです。**どんな言葉をかければ、その子の気持ちに寄り添えるか**。できないことで悩む教師であればこそ、わかるはずです。
　子どもの気持ちに共感できてこそ、次の一手が打てるのです。

失敗する自分を責めてばかりだと…

失敗して自分を責めているだけでは、子どもの気持ちは理解できません。

失敗するからこそ失敗する子どもの気持ちがわかる

うまくいかない経験をした教師だからこそ、失敗する子どもに共感できます。

ワンポイントアドバイス

「今日の授業はうまくいった」「今年はいい学級経営ができた」……。僕自身、そんな風に思えたことは正直一度もありません。だからこそ、子どもたち一人ひとりの気持ちが理解できるように思います。

Chapter 1

4 クラスをまとめる3つの教師力②
振り返る力

> オープンスクールデーでは、保護者や地域の人たちが見にくるため、いつもより子どもたちもがんばるものです。でも、つい盛り上がりすぎて、予定通りに授業が終わらない上に、わからないまま終わってしまう子も出てしまいます。どうするといいでしょうか。

●くよくよするから成長できる

　いつもより子どもたちががんばってくれるというのは、何よりのことです。きっと教師のためにもいいところを見せたかったのでしょう。とはいえ、授業が予定通りにいかないのは問題です。ただ、1時間の授業が、**うまくいかなかったとくよくよしながらも振り返ることができるのは、教師の力として大切**なことです。つまり、次の授業ではこう工夫してみようと考えられるからこそ、教師として成長できるのです。

●くよくよしたことを整理する

　くよくよしたことを次につなげるにもコツがあります。何となく全体的にうまくいかないと思うだけでは振り返りにはなりません。**何がうまくいかないのかを整理する視点が必要**なのです。例えば、「授業の目標はどれだけの子が達成したか」「授業の時間配分は適切だったか」「気になるあの子は授業に参加できたか」などなど、振り返る視点をはっきりさせることで、くよくよを次の授業に具体的に活かすことができます。

失敗に気づかないのでは成長しない

振り返る力がなければ、失敗に気づくことができません。

くよくよを振り返れる教師は成長できる

1時間の授業でも、くよくよするからこそ教師として成長できます。

ワンポイントアドバイス

授業がうまくいかなくて反省する。それは、教師として成長するためにとても大切な力です。何を反省すればいいかをはっきりさせて、ただ落ち込むだけにならないようにしていきましょう。

Chapter 1
5 クラスをまとめる3つの教師力③
リセットする力

> 学級経営がうまくいかないことを同僚に相談すると、たくさんのアドバイスがもらえます。でも、それらを全部活かすことはなかなかできません。「アドバイスしたことを実践もしないで、よく平気でいられるよ」と陰口を言われているような気もして、非常に落ち込むものです。

●元気に学校に来ることが第一

　同僚のアドバイスや助けは、本当にありがたいものです。しかし、それを全部活かすことは、なかなか難しいことでもあります。なぜなら、自分に合ったアドバイスもあれば、自分には取り組みにくいアドバイスもあるからです。それでも、**元気に学校に来ていること**を批判する人はいません。教師が学校に来ているということが、子どもにも、同僚にも、何より大切なことだからです。

●リセットするための時間をもつ

　教師力として、「共感する力」と「振り返る力」を挙げました。失敗する教師だからこそ、子どもの気持ちがわかる。くよくよと反省できる教師だからこそ成長できる。でも、失敗して、ただくよくよしているだけでは教師を続けることはできません。どこかで、**「リセット」して気持ちを切り替える**ことができる。それが一番大切な力です。リセットして元気でいるということが、とても素晴らしいことなのです。

失敗して、くよくよして、元気が出せないと…

ただ落ち込んでいるだけだと、子どもに元気がないと心配をかけてしまいます。

失敗しても、くよくよしても、元気になる

上手に気持ちをリセットして、子どもの前では笑顔で元気に過ごしましょう。

ワンポイントアドバイス

15年勤務して、中堅教師になった僕も、今でも悩んで、くよくよする日々です。明るく元気そうに見えるベテランの教師も同じです。さっと切り替えられるワザを、ぜひ身につけてくださいね。

Chapter 1 — 6 教師に向いていないと考える人こそ教師に向いている

> 失敗して、くよくよして、それでも元気に子どもの前に立つ。そんな風になりたいと思います。教師に向いていないのではないかと思い悩む日々もあり、そんなときはとても苦しいものですが、少しずつがんばりたいと思っています。

●学び続けるからこそ「師」になれる

教師が子どもたちに教えられる一番のこと、それは「学び続ける」ことだと思います。教師自身が失敗して、振り返って、それでも元気にチャレンジする姿を見せる。それが、子どもにとって、一番の学びになるはずです。**「師」とは自分の学ぶ姿を弟子に伝える存在**です。つまり、自分は教師に向いていないのではないかと考える姿こそ、「師」として子どもに見せるべき一番大切な姿なのです。

●どうしてもしんどいときは、無理せずに

そうはいっても、どうしてもしんどくて、「元気」になれないときは、**決して無理をしない**ようにしてください。教師は、自分の存在すべてをかけるだけのやりがいのある仕事です。それを生きがいにして「元気」になれるなら大丈夫です。ただし、どうしてもしんどいときが必ずあります。そんなときは、少し時間をおくと解決することもあるでしょう。

子どもたちのためにも、自分の体や心を大切にしてください。

しんどいのに、思いつめて無理をしてしまうと…

しんどいときに、無理にがんばっても、何も解決できません。

楽しく学び続ける「師」に

楽しく学び続ける教師の姿こそが、子どもに一番いい影響を与えます。

👉 ワンポイントアドバイス

「教師に向いていないと考える人こそ教師に向いている」という言葉は、僕自身が、自分の師とする人から言われた言葉です。ちょっと抜けたところもある先生だからこそ、子どもに伝わることがあるはずです。

Chapter 1

7 力は鍛えられる

1学期、順調に学級のスタートがきれると、次の2学期には、1学期にうまくいかなかったことを整理して、さらにがんばりたいと気持ちが高まるものです。でも、実際、何をどうがんばればいいのかわからないということもあります。具体的に何をしていけばいいでしょうか。

●3つの力は鍛えられる

「教師力」が「力」であるならば、つまり、鍛えれば向上するということを意味しています。「共感する力」も「振り返る力」も「リセットする力」も、どれも鍛えることができる力です。そして、この**3つの力を鍛えることで教師として成長することができる**のです。

●教師力を鍛えるための時間をつくろう

学期の終わりなど、まとまった時間がとれるときは「3つの力」を鍛えるチャンスです。子どもの発達段階を知ることは、共感する力につながります。授業の記録を読み返すことは、振り返る力を高めます。そして、リフレッシュして気持ちを切り替えることは、子どもの前で元気でいるためのリセットする力のもとになります。

日々の生活の中で「3つの力」を鍛えるシステムをもつことができれば、少しずつ教師として成長していきます。

教師力を鍛える視点がないと…

教師として、これでいいというのでは、成長のゴールはありません。

教師力を鍛える時間をつくると…

教師力を日々鍛え、磨いていくことで、教師として成長します。

ワンポイントアドバイス

教師として成長することは、人間としての成長につながることも、教師の仕事の面白さです。人としてまだまだな僕も、子どもと一緒に成長できる！　そう考えると、やりがいを実感します。

Column 1

校内若手勉強会

　教職３年目。１年目や２年目の後輩教師も増えてきたことで、校内の若手で集まる勉強会「come coming（コメカミ）」を立ち上げました。最初は、レポートや指導案を持ち寄ってバリバリ研究をしていく、といったことをしようとしましたが、そんなことは続きません。そこで、まずは、自分の好きなお菓子を持ち寄って、ワイワイと話す会に切り替えました。すると、出るわ出るわ……。ベテランの先生には相談できないような悩みがどんどん出てきます。
　「給食当番が揃うのに時間がかかりすぎるんです。でも、ちゃんと待っていないとだめですよね？」
　「いやいや、時間を決めて、置いていってるよ」
　「私は、ちょっと早めに授業を終わらせている」
　「え〜、そんなのいいんですか？」
などと、授業以外のことでも気軽に相談できる会はとても好評でした。
　そのうち、先輩の理解も得て、月に１回定期的に開催する日には、ベテランの先生方を招いて、普段聞けないようなことを聞かせてもらったり、授業を見せてもらいにいったりしました。
　今も、初任校だった学校には、校内若手勉強会が残っているとのこと。名前は変わってしまったようですが（笑）。

Chapter 2

クラスの子どもとつながるために

―― 共感する力がカギになる！

Chapter 2
1 失敗しながら共感する力を上げていこう

失敗続きで1学期がうまくいかないと、2学期は絶対失敗できないという焦りや不安が出てくるものです。もっと教師らしく威厳をもって子どもたちに指示を出すべきなのに、まだ若く経験も浅いからか、威厳をもって指示できるほどの自信もなかなかもてません。

●失敗する教師だからこそ共感する力が上がる

　何でも完璧にできる人はいません。教師だってそうです。完璧にしようとするけれども、どこかでうまくいかないものです。そんなとき、どんな言葉をかけられたらうれしいでしょうか。どう寄り添ってもらったらやる気になるでしょうか。同じ失敗を繰り返すのは、なぜでしょうか。
　教師も失敗するからこそ、うまくいかない子どもの気持ちに寄り添うことができます。**失敗は教師にとっての大きな武器**なのです。

●共感する力を上げると子どもとのつながりが深まる

　教師にとって共感する力はとても重要な力です。まずは、自分自身を振り返って、**「自分ならどう見てほしいか？」「どう声をかけてほしいか？」**を考えながら、共感する力をつけていきましょう。そして、自分とは違った子どものタイプやその子の背景を知るための努力をしましょう。
　一人ひとりの子どもとつながるためのスキルやシステムをつくることも、共感する力を育てるのに必要なことになります。

失敗できないと意気込みすぎると…

失敗を活かして共感する力を磨くと…

👉 **ワンポイントアドバイス**

僕は、子どもの前でもよく失敗します。「ごめんね」と謝ったり、子どもに助けてもらって「ありがとう」と感謝したりする日々です。そのことでかえって、子どもとのつながりが深まることがよくあります。

Chapter 2
2　0点からの加点法

どんなクラスにも、「気になる子」がいるものです。真剣に授業を受けないだけではなく、休み時間にも問題を起こすなど、どう見てもほめるところがない……。こうした子への指導は、同僚や先輩からアドバイスをもらう他、どのような工夫をするといいでしょうか。

●子どもの変化は担任が一番わかる

　どうしてもほめるところが見つからない子は、確かにいます。周りの先生や子どもたちからも、「またあの子」と見られてしまう子です。でも、ちょっぴりでも「成長しているところ」があるはずです。
　他の先生では気がつかない、**ほんの少しの成長に気づく**。これは、子どもの成長を間近で見られる担任教師にとって大切な力です。

●0点からの加点法で子どもを見る

　○年生だからできて当たり前……。そんな風に、できていないところばかりに目がいっていませんか。減点法で見ることもときには必要ですが、できない子に共感するためには、**「前よりできるようになった」という加点法**で見ることが大切です。そのとき、まずは「0点」の段階から出発します。4月の入学（進級）時に比べて、まったくできなかったことでも、ほんの少しでもできるようになったことがあるはずです。本人も気づかないちょっとの成長に気づいて喜ぶ教師になりましょう。

減点法で子どもを見ると…

できていないことを細かく注意しても、子どもには伝わりません。

加点法で子どもを見ると…

日々成長する子どもに気づくと、教師も子どもも変わります。

ワンポイントアドバイス

子どもの成長に共感するには、0点から始めましょう。赤ちゃんが歩き始めたときの感動と同じく、できない子が少しでもできるようになったことに気がつくというのは、教師ならではの感動ですね！

Chapter 2
3 相手の中の「自分」に話しかける

子どもへの声かけは、経験豊富な教師でも悩むといいます。やる気の出る声かけやほめ方の本などを読んで実践しているつもりでも、なかなかうまくいきません。これだけやっているのにどうして伝わらないのだろうと思うと、ついまた大声で叱ってしまいます。

●自分に合った言葉のかけ方を探す

　子どもたちへの声のかけ方については、たくさんの本が出ていますので、そこから勉強していくことも大切な方法です。「〜が先生はうれしいよ」と語るⅠ（アイ）メッセージや、子どもの言葉を傾聴して受け止めるカウンセリングの技法などは、ぜひ身につけておくといいでしょう。
　ただし、テクニックだけで言葉かけをしても、なかなか思いは伝わりません。子どもの実態や教師の性格に合った声かけを探しましょう。

●相手の中の「自分」に話しかける

　その子の問題行動と似たようなことを、教師自身もしていることはないでしょうか。忘れ物をよくする子どものように、自分もつい忘れものをしてしまった。そんなとき、どんな声かけをしてもらったら、次は気をつけようと思うでしょうか。子どもを叱るときには、**子どもの中に「小さな自分」がいるように思って声かけ**をしてください。自然と、自分らしい言葉がかけられるようになります。

ワンポイントアドバイス

僕も、いろいろな声かけの勉強をしました。でも、借り物の言葉はどうしても嘘くさくなってしまいました。「自分だったら」「この子だったら」……そう考える癖をつけることが大切です。

Chapter 2
4 「困った子」ではなく「困っている子」がいる

前年から問題行動ばかりの「困った子」を受けもっています。引き継ぎの通り、授業中に立ち歩いたり、勝手にしゃべったりとたいへん。保護者に伝えても、「それは先生の仕事でしょ！」と取り合ってくれず、指導の悩みは大きくなるばかりです。

●「困った子」ではなく「困っている子」

　問題行動が目立つ子どもは必ずいるものです。周りからも、「困った子」と思われています。でも、教師も同じように「困った子」と見てしまうと、その子に共感することはできません。そんなときは、その子は「困っている」から、つい問題行動をとってしまうのだと考えてください。ぜひ、**子どもの行動の裏にある「困っていること」に目を向けて**ください。なぜそうするのかが見えてきます。

●子どものストーリーに目を向けて

　こうした子は、子ども自身も、保護者も、きっとこれまでも同じようなことを言われ続けています。問題行動を指摘しても、注意しても、前からなかなか直らないのでしょう。担任として大事にしたいことは、その子がどのような「困っている」気持ちを抱えながら過ごしてきたかということ。**その子のストーリーを子どもや保護者からじっくり聞く**ことで、困り感に共感できるようになります。

✕ 「困った子」という目で見ると…

「なぜ、そんな行動をしているのか?」が見えなくなってしまいます。

○ 「困っている子」という目で見ると…

その子の行動の背景にあるものが見えるようになります。

👉 ワンポイントアドバイス

新年度に向けた子どもの引き継ぎ。ついつい気になることばかり話したり聞いたりしているときがありますが、先入観だけで見すぎないようにして、むしろ一度きっぱり忘れてしまうのも大切です。

Chapter 2
5 子どもに嫌われてはいけません

どうしても相性が合わない子がいるものです。その子の気持ちを理解しようとしても、いつも教師に対して嫌がらせばかりしてきます。イライラして怒ってしまえば、子どもも教師のことを嫌います。かといって、合わせようとしても、なかなか難しいものがあります。

●教師を最初から嫌いになろうとする子はいない

　4月の担任発表の日。子どもたちはわくわくして学校に来ます。教師を最初から嫌っている子などいません。「自分のことをわかってほしいな！」と期待しています。だからこそ**教師は子どもに嫌われてはいけない**のです。嫌われてしまえば、授業も学級経営もうまく進みません。
　子どもに嫌われない。これは一番大事にしたいことです。

●教師が子どもを嫌いにならない

　それでも、どうしても合わない子はいます。無理に合わせようとしても、かえってすれ違ってしまいます。子どもに嫌われないためにできることは、**少なくとも教師が子どもを嫌いにならない**ことです。「あの子は嫌い」という教師の気持ちは、敏感な子どもたちにはすぐに伝わってしまいます。逆に、「あの子が好き」という気持ちは、合わない子どもでも感じ取ります。合わない子でも、どこか好きなところを見つける。これは、教師が意識すればできることです。

子どもに嫌われてしまうと…

授業も、学級経営も、うまくいかなくなってしまいます。

少なくとも、教師が子どもを嫌いにならないと…

合わない子どもでも、教師のことを嫌いとまでは思っていません。

👉 ワンポイントアドバイス

言葉で言うほど簡単なことではありませんね。無理に好きになれとまでは言いません。でも、嫌いにならないことは努力次第でできます。0点からの加点法（p.28～29）などを使って、共感する力を磨きましょう。

Chapter 2
6 「できない子」「わからない子」がいるおかげで

やんちゃな子が学校を休むと、授業がいつもよりもスムーズに進むということがあります。教師としてはあるまじきことですが、「あの子さえいなかったら、いいクラスなのに……」などとつい心の中で思ってしまうことも。

●２：６：２の法則

教師をしていると、どうしても「あの子さえいなければ」という思いをもってしまうこともあります。そう思ってしまったら、２：６：２の法則がおすすめです。集団の２割はよくできる層、反対の２割はあまりできない層、残りの６割はその中間の層に分かれるという法則です。クラスにも２割の子は勉強が苦手だったり、やる気がなかったりと、問題になりがちな子がいます。それが自然だというならば、その子が教室にいるのも自然なことなのです。

●「できない子」「わからない子」がいるからこそ

教師という仕事は、あまりできない２割の子がいてくれるからこそ成り立つのではないでしょうか。全員が教える内容をわかっていて、全員が教師の言う通りにやれるとしたら、教師がいる必要はありません。

「あの子さえいなければ」ではなく、**「あの子がいるおかげで私の仕事がある」**と考えるようにしましょう。

「あの子さえいなければ」と考えてしまうと…

いろいろな場面でその気持ちが出てきてしまいます。

「あの子がいるおかげで」と考えると…

「あの子」を受け入れられれば、人間としても、大きく成長できます。

ワンポイントアドバイス

「あの子」とは、できない2割の子たちだけではありません。できる「あの子」にも、目立たない「あの子」にも、どの子にも目が行き届く教師になるために、共感する力を磨き続けましょう。

Chapter 2
7 子どもの学習タイプを知る

> 授業中、そわそわと手遊びをしている子が必ず何人かいます。「ちゃんと聞きなさい」と指導しても「聞いています」と言い、また手遊びを始めます。一応、話は聞いているようですし、黒板の内容もノートにまとめていますが、こうした態度は気になるものです。

●子どもの学習タイプを知っておきましょう

こうした子は、もしかしたら、「触覚優位」の学習タイプの子どもなのかもしれません。認知の仕方には、「**視覚優位**」「**聴覚優位**」「**触覚優位**」のタイプがあるそうです。「視覚優位」の人は、目で見て記憶することが得意です。「聴覚優位」の人は、聞くと覚えられます。「触覚優位」の人は、体を動かしたり、ノートに書いたりと何かをしながら学習したほうが記憶しやすいといわれています。

●タイプ別の学習方法

そわそわしている子は、聞こうとするほど手や鉛筆を動かしたりしたくなるのかもしれません。「触覚優位」の子にはメモをとらせながら聞かせるような工夫があるといいでしょう。「視覚優位」の子には黒板に書いて伝える、「聴覚優位」の子には歌にして覚えさせるなどの手立ても有効です。こんなざっくりとした3つのタイプでも、知っているだけで、「気になる子」の見方が変わってきます。

子どもの学習タイプを知らないと…

子どもの学習タイプを知っていると…

👉 ワンポイントアドバイス

もちろん、すべての子どもをたった3つのタイプに分けられるわけではありません。大切なことは、子どもを見るたくさんの視点をもつことです。共感する力を上げるためにも、こうした勉強もしていきましょう。

Chapter 2
8 子どもの気持ちを引き出すオープンクエスチョン

毎日のようにケンカをする子どもがいます。「いつそうなったの？」「どっちが先にやったの？」「何でたたいたの？」と理由を聞いても、たいていが言い訳をするか、ふてくされるか……。根本的な原因がわからず、解決に向けた上手な対応に悩むものです。

●子どもを問い詰めても改善にはつながらない

　子どもの問題行動に対して、「いつ？」「どこで？」「なぜ？」のような言い方で問い詰めても、なかなか答えられないことがあります。答えを一つに限定するような問いかけは、はっきりと答えが出る分、自由に発言しにくいという特徴をもっています。子どもの行動の原因を探るには、**自由に発言できるような問いかけ**が必要です。

●オープンクエスチョン

　答えを限定する問いかけ（クローズドクエスチョン）に対して、ある程度自由に答えられるような問いかけをオープンクエスチョンといいます。**「〜というと」「もう少し詳しく教えて」「例えば？」「どんな感じ？」**のような問いかけは、答えがない分、問われた相手も答えやすくなります。そして、子どもの気持ちをある程度聞き出した上で、「いつ？」「どこで？」「なぜ？」と限定して聞いていくことで、ケンカになった原因が見え、指導に入ることができるのです。

ワンポイントアドバイス

オープンクエスチョンは、いろいろな場面で活用できます。大切なのは、「相手の話を聞く」という姿勢を見せることです。話しているうちに、子ども自身が解決策に気づいていくこともあります。

Chapter 2
9 子どもに感謝の気持ちをもつ

生活習慣が乱れた不登校気味の子どもへの指導は難しいものです。朝、電話をしてやっと学校に来ても、授業中に「わからん」と言って授業の邪魔をしたり、友だちともケンカばかり。この子らしさを認めて、いいところをほめても、なかなか手応えはつかめません。

●どの子も成長したくて学校に来ている

その子は、どうして学校にやってくるのでしょうか。給食を食べに、あるいは、暇つぶしに。いえ、子どもはどの子も成長したいと思いながら学校に来ています。「わからない」と言うのも「わかりたい」からです。ケンカをするのも、その不満をぶつけるところがないからです。そんな態度を認めることも、ほめることも難しいものです。でも、**「学校に来てくれる」ということへの感謝**は届けられます。

●「ありがとう」は自然に出る言葉

認めることも、ほめることも、なかなか認められない子どもや、ほめられない子どもに対しては不自然です。それでも、「ありがとう」と感謝することは、どの子に対しても自然にできます。生活習慣が乱れているその子も、学校に来てくれます。それが「有り難い」ことなのです。そして、何よりその子は生きていて、元気にしています。それがもっとも「有り難い」ことだと思えると、感謝の気持ちは伝わります。

認めたり、ほめたりが、難しい子には…

無理に認めようとしても、かえって不自然なことになります。

まずは、「ありがとう」の思いを伝えると…

元気に学校に来てくれて「有り難い」と思えると、その気持ちは伝わります。

ワンポイントアドバイス

「ありがとう」の語源は、「有り難い」つまり、「めったにない」ということです。教師がいつでも「有り難い」という気持ちでいると、その気持ちは必ず子どもたちに広がっていきます。

Chapter 2
10 一人ひとりとつながるシステムづくり

やんちゃな子どもの多いクラスの指導は悩みが尽きません。声かけや指導の工夫で、距離が縮まり、いいところが見えてくるようになってきましたが、そうした子にばかり目を向けていると、大人しい子や目立たない子がどう思っているのかがわからなくなってきてしまいます。

●真面目だけど目立たない子に目を向ける

クラスの子どもをざっくり３つに分けると、優秀で目立つＡタイプ、真面目だけど目立たないＢタイプ、やんちゃで目立つＣタイプがいます。ＡタイプやＣタイプは、目立つので注目しやすく、つながりやすい子たちです。しかし、目立たないけれど真面目に真剣に聞いているＢタイプの子たちともつながっていくことが学級経営には大切です。

●日常のちょっとした手続きをつながる機会にする

ＡタイプやＣタイプの子たちは、よくも悪くも教師と関わることが増えますが、Ｂタイプの子たちとも関わってつながるためには、**一人ひとりとつながるシステムをつくっておく**ことが大切です。例えば、連絡帳のチェックのとき。連絡帳の確認の意味もありますが、「さっきは頷いて聞いてたね！」「係の仕事いつもありがとう！」と一言でもその子と言葉を交わす機会ととらえると、毎日必ずつながれます。宿題も教師に直接提出させるようにしておくと、それをつながる機会にすることができます。

目立たない子とつながらないと…

一人ひとりとつながるシステムをつくっておくと…

ワンポイントアドバイス

朝、登校してきた子どもを出迎えるとき、宿題を集めるとき、給食のとき、帰りの会のときなど、1日の流れの中に何度か全員の子どもたちとそれぞれ一言交わす機会をつくっておくといいですよ。

Chapter 2
11 子どもとどんどん遊びましょう

何度言ってもルールを守らない子には悩まされます。休み時間には、勝手にルールを変えてトラブルになることもしばしば。子どもから軽く見られないように「休み時間に遊ぶのは禁止！」などと厳しく叱っても逆効果で、かえって反発して授業中にも騒いでしまいます。

●「教師ぶるな、らしくせよ」

　言うことを聞かない子には、無理にでも聞かせようとする。どうしても教師は、上から子どもを変えようとしてしまいます。
　「教師ぶるな、らしくせよ」ということを教わったことがあります。つまり、教師ぶって偉そうに子どもに言っても、かえって伝わらないのです。そうではなくて、子どもが教師らしいあなたの姿に魅力を感じるようにしたほうが、指導もしやすくなるのではないでしょうか。

●子どもと同じ目線でいられるのが若い教師の特権

　若い教師はそのままで子どもにとって魅力的な存在です。逆に、ベテラン教師のように振る舞おうとすれば、せっかくの魅力が消えてしまいます。子どもと同じ目線でいられるように、もっと子どもと遊びましょう。忙しくても、事務的なことは後にして、**子どもと一緒に遊ぶ**。そこでできた子どもとのつながりは、きっと授業や学級経営にもプラスになります。子どもと同じ目線をもてることは、大きな武器となります。

教師ぶって偉そうに振る舞っても…

かえって子どもは反発し、授業も学級経営もうまくいきません。

子どもと一緒に遊ぶようにすると…

遊びを通して子どもとつながると、授業や学級経営にプラスに働きます。

ワンポイントアドバイス

休み時間でも、宿題の丸付けや授業の準備など、やることはいっぱいあります。でも、まずは子どもとつながることが最優先です。ベテラン教師にはない、若さという武器をフル活用して、とことん子どもたちと遊んでください。

Column 2

保護者になってわかる

　自分の子どもたちが小学校に行くようになりました。学校を外から見るようになって、わかるようになってきたことがあります。
　例えば、始業式の手紙は多すぎて読みたくなくなる。入学式後の書類が多すぎて、締め切りも近く、仕事をしている人には配慮が足りない。連絡帳で、「持ち物：ビニール袋」と書いてあっても、実際、どんな大きさで、どんな形のビニール袋が必要なのかがわからない。それを子どもに聞いても、チンプンカンプンでわからない、などなど。
　学校側からすれば、当たり前と思っていることも、保護者側からすれば、不親切と感じることが多々あるということがわかりました。学校で働く僕ですら、そんな風に感じるのですから、はじめて子どもを学校に入れる保護者の方ならなおさらでしょう。不安なことや、心配なことがたくさんあるだろうということを、身をもって実感することができました。
　それからは、教師として、保護者にお願いすることを吟味するようになりました。保護者の悩んでいることに少し共感できるようになりました。
　立場が変わることで、見えてくることがたくさんあります。

Chapter 3

クラスの状態を把握するために

——振り返る力をつけよう！

Chapter 3

1 くよくよしながら振り返る力を磨こう

> 新任1年目が終わると、反省点がいろいろ見えてきます。子どもと過ごす日々は楽しかったものの、落ち着かない子どもをうまく指導できなかった、保護者とうまく話せなかった、先輩教師にたくさん迷惑をかけた……。その経験を、ぜひ2年目に活かしたいものです。

●日々振り返る

　教師にとって、振り返ることはとても重要です。授業の振り返り、子どもとのやりとりの振り返り、一つひとつの行動に対する振り返りなど。学校だけではなく日常の生活でも、教師には教師らしさが求められます。それだけに、くよくよしながらも、日々**きちんと振り返る力をつける**ことで、教師として大きく成長することができます。

●「なぜなのか？」を考えながら振り返る

　振り返るためには、何をどこまでやるかという目標設定が必要です。授業の何を振り返るのか、そのポイントをもてるようにします。そして、できなかったり、わからないことがあったら、**「なぜなのか？」と考える癖**をつけていきましょう。

　この「なぜなのか？」をわかるようにするために、日々工夫したり、調べたり、同僚に相談したりする中で、振り返る力はどんどん磨かれていきます。

振り返る力が欠けていると…

最後は子どもや保護者のせいにする、成長しない教師になってしまいます。

振り返る力を磨いていると…

授業や学級経営などが日々改善されていくようになります。

ワンポイントアドバイス

振り返る力を磨く一番のコツは、とにかく周りに聞きまくることです。「わかりません」「教えてください」「勉強になります」……。僕が新任の頃は、これが口癖でした。

Chapter 3
2 そもそも何を振り返るか

なかなか授業がうまくいかないと、日々の悩みは大きくなるものです。楽しい授業をしようと面白そうなネタをもってきたり、ゲームを導入したりするのは、よく用いられる方法ですが、子どもたちは楽しそうでも、授業のねらいが達成できたかどうかが心配なところです。

●授業の評価の第一は、ねらいを達成できたかどうか

子どもが楽しいと思える授業であるのはとてもいいことです。しかし、一番に考えなくてはならないのは、その授業のねらいを全員が達成できたかどうかです。「**授業でつけたい力＝学力**」がつかない授業では、楽しくてもよい授業とはいえません。まず第一に考えなくてはならないのは、学力がついたかどうかということです。

●授業の成否の判断基準をもっておくこと

学力がついたかどうかを判断するためには、事前にその授業のねらいを、どう評価し、どこまでできれば合格かを判断するための基準を、教師がしっかりもつ必要があります。

「計算小テストで80点以上とれる」「読み取りのまとめにキーワードが3つ含まれる」などの具体的基準をもとに、小テストや振り返りで評価します。そして、できていない子がいれば、その子ができるために次の授業でどうすればいいかを考えます。これが振り返りの第一歩です。

楽しい授業ではあっても…

まずは学力がついたかどうかを…

🖐 ワンポイントアドバイス

毎時間の評価はたいへんですが、簡単なことでもいいので評価しておくことが大切です（挙手や一言振り返り）。クラスの何人ができたかが、授業評価になり、授業の上達の目安になります。

Chapter 3

3 板書を記録してみよう

授業改善のための教材研究。教科書や指導書を読んで流れを考えたり、発問や指示を考えてノートに書いたり、やることはたくさんあります。ただ、毎日毎時間となるとその他の業務も忙しく、次の授業に活かすような振り返りがなかなかできないのも現実です。

●板書計画にはすべてが含まれる

　小学校教師は、複数の教科を毎日行わなければならず、どの授業も準備だけで時間が足りないくらいです。その上、振り返るとなればたいへんです。そこで、まずは「板書計画」だけでも立ててみましょう。
　授業の最終的な板書をノートに書きます。板書には発問や子どもの発言、まとめなどが記録されます。適切な板書計画が立てられるということは、授業の流れがつくれているということです。

●板書の記録は簡単にできます

　授業後の振り返りのためにも、板書を記録しておきましょう。記録の仕方は簡単で、デジタルカメラなどで写真を撮っておくだけです。これを、**当初の板書計画と見比べる**と、授業を改善するポイントが見えてきます。
　ねらい通りの発言が出ていなかったら発問の工夫を、計画したところまで進んでいなかったら時間配分の工夫を、などと画像を見るだけで簡単に振り返ることができます。

あれもこれも振り返るのは難しい

発問も指示も作品も……とすべてを振り返るには時間が足りません。

板書計画と実際の板書の記録を振り返りの第一歩に

記録をためると、授業のポートフォリオとして活用できます。

ワンポイントアドバイス

黒板のチョークの色や字の大きさなども撮影画像を見ながらチェックしましょう。色は多すぎず、線は赤、重要語句は黄色などと決めておくといいでしょう。丁寧な字も心がけたいですね。

Chapter 3

4 「見るノート」で子どもの様子を振り返る

> 1学期の通知表をつけてみると、愕然とするほど子どもの様子が見られていないと気づくことがあります。2学期こそはと決心して、毎日一人ひとりの記録をカルテのようにつけていっても、結局、目立つ子のよいことばかりになってしまい、対策に悩みます。

●無理せずに簡単でも続けられる振り返りを

　一人ひとりのカルテをつけることは、素晴らしい取り組みです。ぜひ続けたいところですが、いきなり全員分をきっちりつけようとすると、他の仕事に影響してしまうこともあるでしょう。無理は禁物。簡単でも、毎日続けられる振り返りの方法を工夫することが大切です。

●「見るノート」を作ってみましょう

　僕は、「見るノート」というノートを作っています。ポケットに入るメモ帳に、クラスの子どもたちの写真を貼ってあるだけのノートです。朝と給食時間、子どもが帰ってからと1日3回、ペラペラとめくりながら、その子の様子や、やりとりを思い浮かべます。よいことが浮かぶ子もいれば、叱りつけたことしか浮かばない子もいます。何の印象もない子もいます。叱った子には、次の日はやさしく言葉をかける。印象のない子には、積極的に話しかける。よかった子のことは、簡単にメモを書くと、**通知表の所見や懇談の資料**として使えます。

立派な振り返りも続かなければ…

力を入れて記録しても、続かないと役に立ちません。

簡単でも続けられるような振り返りを…

自分に合った確実に続けられる振り返りのツールをつくりましょう。

👉 ワンポイントアドバイス

簡単な振り返りであれば、短時間で行うことができます。毎日同じ時間に振り返るようにすれば、忙しくても続けることができます。無理のない、自分に合った振り返りの方法を工夫してみましょう。

Chapter 3

5 作文のコメントで振り返る

子どもに毎日日記を書かせています。一人ひとりの文章を読んで、コメントを返して……としていると、時間がかなりかかってしまいます。せっかく書いている日記なので、丁寧にコメントして子どもに返したいと思うと、結局、返せずにたまってしまうこともしばしばです。

●読んでいるということは伝えましょう

一人ひとりの日記を読むことは、子どもとつながるために大切です。でも、すべてに丁寧なコメントをつけるのはたいへんです。コメントはできなくても、読んでいるということを伝えるように、事前に子どもと約束を決めておきましょう。例えば、波線部分は感心したところ、○は共感したところ、花丸はすごいと思ったところなど、教師がしっかり読んでいるとわかる約束をつくっておきます。

●大切なのはフィードバック

コメントを返せるときには、**短くてもいいので、いいところをほめるようなコメント**をつけましょう。「いいね」「すごい」「グッド」「ナイス」などは、短くても子どもにとってはうれしいフィードバックになります。

また、**集めるときに読んで直接声をかける**のもおすすめです。「そうか〜」「面白いね〜」「なるほど〜」など、書いたのでは伝わらないニュアンスも、直接のコメントなら具体的に伝わります。

「丁寧に…」と思いすぎて、ためてしまっては…

丁寧に返すのも大切ですが、まずはこまめに返せる工夫を。

簡単にフィードバックする工夫を…

よいところをしっかりフィードバックしていくことに努めましょう。

ワンポイントアドバイス

日記のコメントなどは、教師の振り返りになるだけではなく、子どもとつながる上でも大切です。ときには、日記の内容と関係なく、その子のよいところを短く書くなどもいいでしょう。

Chapter 3
6 学級通信を活用して振り返る

> 周りの教師たちが学級通信を熱心に出していると、自分もがんばらねばと思います。ただ、慣れないと書くことが思いつかず、書くことがたまるまで待っていたら、1学期に2〜3回しか出せないということもあります。せめて、1週間に1回くらいは出したいものです。

●簡単に書くためのフォーマットを

　学級通信は、子どもや保護者とつながるための大切なツールです。無理なく続けるためには、書きやすいフォーマットを作っておきましょう。大きさは、まずはB5判1枚でいいでしょう。上半分はタイトルと写真や絵、下半分は伝えたいことや学級の様子と決めておくと手軽に書くことができます。子どもの作文や作品、絵や詩の紹介など、先に枠を決めておくと、ページも簡単に埋まります。

●学級通信を振り返りの記録に

　学級通信を定期的に出すと決めておくことは、振り返る力を磨くことにつながります。書くための材料を集めるために、子どもの様子をよく見たり、1日の様子を思い浮かべたりすることが、授業や学級経営を振り返るよい機会になります。板書の写真（p.54〜55）や「見るノート」（p.56〜57）、子どもの作文なども学級通信に載せることで、学級通信が振り返りの記録にもなります。

学級通信は出すなら定期的に

定期的な学級通信は振り返る力も伸ばす

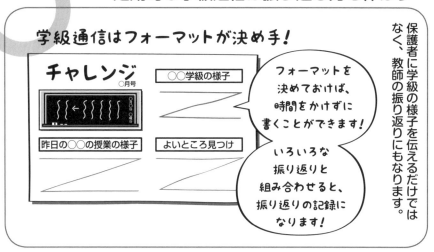

ワンポイントアドバイス

学級通信を出すことが目的にならないように注意が必要です。書くのが苦手ならば、学級通信以外の方法で子どもや保護者とつながるようにするといいでしょう。若いうちは、たっぷり遊ぶこともつながる方法の一つです。

Chapter 3

7 「なぜ?」と考える癖をつける

子どもの様子を毎日簡単に振り返るようにメモを続けていると、なぜか、よくないことばかりがメモに残ってしまう子どもがいます。その子のためにと思って、いろいろ工夫をしても、結局うまくいかないこともあります。効果的な振り返りは意外と難しいものです。

●ただ単に「方法」をもってきても解決にはつながらない

　日々の振り返りを続けるのは素晴らしいことです。そして、改善するためには、いろいろな方法を試していくことも大切です。ただ、どの子にも通じる便利な方法があるわけではありません。ネタやハウツーも必要ですが、これらは目の前の子どもに本当に合った効果的な方法ではありません。それよりも、**その子のために教師自身が考えた工夫がその子に合った方法**になるのです。

●「なぜ?」と考える癖をつける

　「どうすればいいか?」と方法を見つけるよりも、「なぜ?」と考える癖をつけましょう。「あの子が勉強しないのは"なぜ"なのか?」「"なぜ"あの子には伝わらないのか?」と考えると、自然とその子をよく見るようになります。一人ひとりの背景（p.26 ～ 27、32 ～ 33）や学習タイプ（p.38 ～ 39）のように原因が見えてくれば、その子に合った工夫を見つけることができるようになります。

「どうすればいいか？」と方法を見つけようとすると…

ネタやハウツーをもってきても、目の前の子に合うとは言い切れません。

「なぜ？」と原因を考える癖をつけると…

行動の原因がわかれば、何から手をつければいいかがわかってきます。

ワンポイントアドバイス

ネタやハウツーのワザももちろん大切です。基本的なワザは絶対に身につけましょう。その上で、それぞれの子どもに合った工夫を考えるのです。僕はそれを、「ワザワザ」と呼んでいます。ワザワザをぜひ！

Chapter 3

8 わからないから聞く

毎日、授業や学級のことを振り返ると、うまくいかなかったことがたくさん見つかります。何とか解決しようと、本を読んだり、調べたり、また、休日には研修や勉強会に出かけていったりと奮闘を重ね……。それでも、目に見えた成果はなかなか得られないものです。

●近くの同僚に相談を

　最近の若い教師にはとても勉強熱心な人が多く、本当に子どもたちのために努力していることが伝わってきて驚かされます。でも、もっとも相談役に適した同僚に相談ができているでしょうか。**あなたのことをよく見ている同僚にこそまずは相談してみるべきです**。確かに日々多忙であると、聞きにくさもありますが、教師は基本的に教えたがりです。「教えてください」と気軽に聞いてみましょう。

●いろいろな立場の教師に聞く

　同僚に相談するよさの一つは、子どもの様子がよくわかっていることです。「気になる子」の前担任教師や学校に長くいる教師には、子どもの性格や特徴などの話を聞くことができます。特に養護教諭は子どもの様子をよく知っているものです。いろいろな立場の教師に相談をしていくと、その後、逆に「○○さんよかったよ！」「□□君がんばってたよ！」と教えてくれることもあります。

相談せずに一人で抱えていると…

一人で抱え込んでいるうちに、大きなトラブルに発展することも。

いろいろな立場の教師に相談できると…

子どものことは一人で見るのではなく、たくさんの教師で見ることが大切です。

ワンポイントアドバイス

「聞くは一時の恥、聞かぬは一生の恥」という言葉があります。教師がわからないときに聞くことは、よい聞き手、よい学び手のお手本でもあります。若いからこそ、どんどん聞いて回りましょう。

Chapter 3

9 同僚と何を対話するか

なかなかうまくいかない授業のことを、日々先輩に相談しても、よくならないこともあるでしょう。そして、最終的には子どもの愚痴を言うばかりになってしまうことも。「もっと子どものよいところを見ないと……」とアドバイスされても、なかなか実践は難しいものです。

●教師の視点だけではなく、子どもの視点で

うまくいかないことを相談していく中で、「何をやっても変わらない。それは、子どものせいだ！」などと次第に諦めてしまうことはないでしょうか。そんなときは、教師側の視点だけではなく、**「子どもはどう思っていたのか？」という視点で振り返る**ことが大切です。

せっかく相談をしているのに、「あの子はだめね」という結論に至らないように、子どもの視点に立った話を心がけましょう。

●教師の願いと子どもの願いがつながる対話

同僚に相談したり、されたりするときには、一方が**「相手の立場」を引き出すような対話**ができると、具体的な対応策が見えてきます。

例えば、「○○君は宿題をしない。だから叱りつけました」「やりたいけれどわからないということはないかな？」「確かに『わからん』とふてくされてました」「宿題、勉強がわかるためだよね」「確かに。『宿題、一緒にやる？』と声をかけてみます」というようにです。

相談が愚痴の言い合いになってしまう…

子どもの立場に立った対話を心がけると…

ワンポイントアドバイス

ときには同僚と愚痴を言い合うことも必要です。まずは、気軽に子どもの話をしている中で、「あの子も困っているのかも」という気づきが生まれてきます。そんな対話ができる職員室になるといいですね。

Chapter 3

10 対話の中で本質を見つける

同僚や先輩に相談できるようになると、具体的な方法をいろいろ教えてもらえるようになってきます。ただ、それぞれの教師が実践している方法を真似してみると、最初はうまくいくのですが、効果が続かないこともあります。

●方法を真似することから本質に気づくことへ

　いろいろな教師に相談をして真似をする。とても素晴らしいことです。でも、その教師が行っている方法は、その教師の個性や子どもに対する願いと切り離せないものもあります。大事なことは、いろいろな方法を真似する中で、**その方法の裏にある本質に気づく**ことです。何のためにその方法を使っているのか。その方法がどのように有効であるのか。方法を真似したり、同僚との対話で振り返りながら、本質を見ていきましょう。

●本質には教師の願いが隠れている

　「授業の最後は、ノートを持ってこさせているよ」「毎日、振り返り日記を書かせているよ」「学級通信にいいところを載せているよ」……。教えてもらったすべての方法を真似することはできませんが、これらの方法の裏には、「短くても一人ひとりにフィードバックしたい」という願いが共通していることがわかります。こうした願いに気づくと、自分に合ったやり方を選ぶことができます。

方法だけを真似していると…

教えてもらった方法をただ真似するだけでは、効果は生まれません。

真似することから本質を見つけようとすると…

方法の裏にある教師の願いに気づくと、自分に合った方法が見つかります。

👉 ワンポイントアドバイス

同僚との会話の中には授業や学級経営のヒントがたくさん隠れています。「なぜですか？」「どうしてですか？」と尋ねながら、その教師が無意識にしていることの裏にある本質や願いを引き出すといいですね。

Chapter 3

11 授業を見せてもらおう

授業や学級経営のコツを、さまざまな立場の教師に教えてもらえる機会が増えてきました。すぐに自分なりに工夫して実践し、手応えが得られるとうれしいものですが、細かい部分が理解できていないと、このまま自己流のやり方でいいのか不安になるものです。

●百聞は一見にしかず

　授業や学級経営のコツをすぐに教えてもらえるのは、同僚教師のよさです。また、授業の様子をすぐに見せてもらえるのも同僚ならではです。授業の空き時間などに**積極的に授業を見せてもらう**と、聞いていたコツの実際の使い方がよくわかります。さらにできれば、その同僚に自分のクラスで授業をしてもらうことを頼めるとよいです。いつもの子どもたちと違う様子を見ることが、ヒントになります。

●授業はポイントを絞って見る

　授業を見るときは、**ポイントを絞って参観**しましょう。指示、発問、板書など、具体的な教師の技術に絞って見るのも一つです。また、授業を教室の前から参観することもおすすめします。子どもたちの表情を見ながら、自分ならこういう言い方をするだろうかとか、わからない表情をしている子にはどんな支援をしているのだろうかなどと、授業者になったつもりで見ることで、自分の授業にも活かせます。

教えてもらうばかりで頭でっかちになっても…

教えてもらったコツを自己流のまま実践していても、高まりません。

授業を見せてもらうことで…

授業を見せてもらうと理解が深まり、実践での使い方もよくわかります。

ワンポイントアドバイス

「自分の授業をあけてまで授業を見に行く」というのは、子どもたちに申し訳ないと感じるかもしれません。しかし、1時間の授業を見ることで、1時間以上の価値を子どもに返すことができます。

Chapter 3

12 振り返りをまとめる機会をつくる

経験を重ねていくと、子どもの様子を観察したり、授業を反省したりと、日々の振り返りが当たり前のようになります。しかし、なぜか同じ失敗を繰り返してしまい、せっかく振り返りをしていても、積み上がっていないのではと不安になることもあります。

●振り返りを残していく

　振り返りの癖がついてくると、教師として一つの自信になります。子どものことや授業のことで、見るべきポイントが明確になるからです。

　このとき大切なのが、**振り返りを簡単にでもまとめておく**こと。過去の失敗を読み直したり、何度もする失敗を意識したりすることは、教師としてさらに成長していくために不可欠です。振り返りの習慣が身についているのであれば、まとめることも習慣にすることができます。

●まとめるかたちは文章だけではない

　振り返りのまとめで一般的なのは文章にすることです。例えば、退勤の5分前に手帳や教育録などに1日の振り返りを書く時間を設けておくと、忘れずに続けられます。家で日記を書いたり、データとして残すのもいいでしょう。また、文章を書くのが苦手なら、画像や音声メモをおすすめします。板書を撮影したり、気づいたことを音声で残します。

　大事なのは、振り返りを残す機会をつくることです。

振り返りをまとめていないと…

同じ失敗を何度も繰り返すのは、振り返りが活きていない状態です。

振り返りをまとめると…

自分が一番やりやすい方法でまとめていくと、さらにスキルアップできます。

ワンポイントアドバイス

最近は、携帯アプリやSNSなども振り返りに便利なサービスを提供しています。気軽に振り返りをできるのはいいのですが、子どものことなど個人情報の書き込みには十分気をつけましょう。

Column 3

両極の教師から学ぶ

　1年目で4年生を担任してから5年生、その後、5年生、6年生と2年ずつ持ち上がるかたちで担任をしました。1年目、2年目のときの学年主任の先生は、とにかく子どもたちと遊んで、子どもたちのためにいろいろな活動を入れていくタイプの方でした。子どもたちと接するその姿勢から、たくさんのことを学ばせてもらいました。でも、感覚的に子どもに飛び込む先生だったので、自分自身が、どうやってそれを実践していけばいいかは、なかなかつかめませんでした。

　3、4年目のときは、またタイプの違う学年主任の先生でした。できるだけ効率的に行事を精選したり、準備を行ったりするタイプの方だったので、前の年に増やした行事が、すぐに削られたりすることもありました（笑）。しかし、どうすれば授業をうまくできるか、子どもに伝わる言葉になるかということを、論理的に教えてくれました。

　どちらの先生も、子どもに対する教師としての情熱は共通しています。でも、二人とも個性的で、自分らしくできることをする。できないことは無理をしない。そんな風に、子どもや若手の僕たちと付き合っていたように思います。

　いろいろな教師と出会えるからこそ、子どもたちは成長します。そして、僕たち教師も、いろいろな教師との出会いから、自分らしい教育ができるように成長していくのだと思います。

Chapter 4

教師が変わるとクラスは変わる

——リセットする力がクラスを変える！

Chapter 4

1 リセットする力を上げて、元気に子どもの前に立つ

4年目くらいで、初任校から新しい学校に転任となることがありますが、前任校での学級経営に自信がもてていないと、うまくやっていけるかが心配です。もう新人ではないので、ある程度できると思われてしまうこともあり、プレッシャーは大きくなるばかりです。

●失敗しても、くよくよしても、最後は元気に子どもの前へ

　リセットする力というのは、失敗しても、くよくよしても、元気に子どもの前に立つための力のことです。授業も、学級も、明るい雰囲気の中でこそうまくまわっていきます。そして、**明るい雰囲気の発信源は教師**なのです。教師が明るく元気でいれば、クラスは明るく元気になります。逆に、教師が落ち込んでいたり、イライラしていると、悪い雰囲気が教室に充満していきます。

●リセットする力を磨く

　元気に子どもの前に立つために気持ちを切り替える。これも立派なワザです。よい教師は、みな気持ちをさっと切り替えるスイッチをもっています。気持ちをフラットにするための心構えをもったり、疲れを癒すための趣味をもったりすることは、教師にとって非常に重要なのです。そして、**いつでも子どもの前にフレッシュな気持ちで立つ**ことができる。そんな教師を子どもは好きになります。

> **ワンポイントアドバイス**

無理に明るく元気に振る舞う必要はありません。自分の性格に合った「元気」が大切です。子どもは教師の雰囲気を敏感に感じ取ります。子どもの前に立つのが楽しいという雰囲気が出せるといいですね。

Chapter 4

2 まずは教師が見本になる

クラスの子どもたちの元気のなさが気になる、と悩みを抱える教師が増えてきました。あいさつや返事に元気がないばかりか、朝からぼーっとした様子。「もっと元気を出して」と言っても、なかなか効果が上がらない。最近の子は、こんな感じが普通なのでしょうか。

●教師が率先して元気を広げる

クラスの空気は、教師の雰囲気で大きく変わります。元気のない子どもたちを元気にしたいときは、**まずは教師が積極的に元気を出す**ことです。教師が大きな声であいさつをする。休み時間に元気に外に遊びに行く。楽しそうに子どもの前で笑う。そんな教師の様子を見て、子どもたちも元気になっていきます。何事も率先垂範。教師が見本になって、元気を子どもに与えていきましょう。

●元気は周りに広がっていく

元気は「元の気」と書きます。空気が変わる、雰囲気がある、といった言葉のように、日本語には「気」が付く言葉がたくさんあります。教師の出す元の「気」が広がると、クラスの空気が変わります。教師一人が元気を出していたのが、周りの子に広がり、自然と教室中が明るい雰囲気になってきます。「元気を出して」という声かけよりも、**教師の態度でクラスの「空気を変える」**のが大切です。

言葉だけで指導しても…

態度や雰囲気をよくするには、教師が見本になることが大切です。

教師の元気を子どもに与えると…

教師が率先して元気を発散すると、子どもがみるみる明るく元気になります。

👉 ワンポイントアドバイス

自分はそんなに元気な性格じゃないという人は、クラスにいる元気な子をほめることでも同じように元気を広げることができます。もちろん、自分自身の性格も変えられますよ。日頃からの努力で元気をしっかり磨いてください！

Chapter 4

3 教師は空気清浄機

高学年の担任になると、思春期なのか、陰でこそこそ悪口を言ったり、やる気のない言動をしたりと、嫌な雰囲気が漂う場面に直面することがあります。そうした言葉づかいや態度を叱るのですが、なかなか効果がありません。そっとしておくべきなのか悩むところです。

●教師は空気清浄機

クラスの雰囲気が何となく悪い。そんなときに、教師が正面から言葉で指導しても、さらに雰囲気を悪くするだけです。

「無邪気」という言葉がありますが、子どもたちは無邪気に嫌なことをしてしまうこともあれば、意図的に「邪気」を出していることもあります。教師は、そんな子どもたちの**邪気を吸い取って元気に変えて返す**、空気清浄機のような存在になりたいものです。

●子どもと正面からぶつからない

嫌な雰囲気が漂うときに、そのまま放っておいてもよくはなりません。かといって、正面からぶつかっても悪化するだけのこともあります。言葉づかいや陰口など指導すべきことはしますが、その上で、どうしてそんなことを言うのか、**子どもに寄り添って聞く**ようにしましょう。

何よりも共感することが大切なのです。その上で、明るく元気な空気をクラス中に送ることで、嫌な雰囲気は徐々に変わっていきます。

嫌な雰囲気と正面からぶつかっても…

見えない邪気と正面からぶつかっても、もっと雰囲気を悪くするだけです。

教師が空気清浄機のような存在になると…

子どもたちに寄り添い、共感しながら元気を送ると、嫌な雰囲気が変わります。

ワンポイントアドバイス

邪気を吸い取って元気に変えて返す。僕のもつ「よい教師」のイメージです。どんなことでもユーモアをもって笑いに変えられると、いつでもそんな風に考えて、切り返しを工夫してみてください。

Chapter 4

4 事前に「最悪の事態」を想定しておく

月曜日の朝、今週こそはいいスタートをきりたいと思った矢先、朝から忘れ物の報告ばかり。前の週も忘れ物が多く、指導したばかりだったので、思わず子どもたちを怒鳴りつけてしまいました。不穏な週の始まりは、非常に気が重いものです。

●最悪の事態を事前に想定しておく

いいスタートをきりたいという思いは、教師も子どもも同じです。その思いがあるからこそ、つい叱りすぎてしまう。そんなときは、「最悪の事態」を想定しておくのも一つのワザです。「全員が忘れ物をしたらどうするか？」と極端ですがそんな風に考えておくと、何人か忘れ物をしてきても笑って対処できます。むしろ、思っていたよりも忘れ物が少ないことをほめてしまうのも手かもしれません。

●自然体で対処するための心構え

武道の達人は、あらゆることを想定して、何が起こっても自然体で対処できるように心構えをしているそうです。イライラしたり、感情的になったりしていると、必要以上に叱ってしまうことにつながります。学校に行く前、教室に入る前、授業を始める前、どんなときも、事前に何が起きてもいいという心構えをしておきましょう。

何かあっても想定内、何もなければ子どもたちに感謝です。

感情的に叱りつけると…

感情的な叱りや指導は、かえって子どもたちに届きません。

事前に「最悪の事態」を想定しておくと…

どんな事態にも冷静に対処。何も起こらなければ、それはとてもありがたいことです。

ワンポイントアドバイス

僕の師匠は、毎朝、「今日は想像できないような事態が起こりますように」と願かけをしながら学校に行っていたそうです。そんな事態が起こっても、楽しめるくらいに教師力を上げたいものですね。

Chapter 4
5 笑顔で指導するための怒りのコントロール

授業中は子どもたちとうまくつながることができても、それ以外の時間で、どうしてもイライラしてしまうときがあります。掃除をさぼっている子どもが許せず、ついカッとなって怒鳴ってしまうことも。その影響で、午後の授業がうまくいかないこともあります。

●怒りをコントロールする

どうしても許せないということは誰にでもあります。その結果、カッとなってしまうと、指導したつもりが、ただ怒りをぶつけてしまっているだけになることもあります。だからといって、怒らないようにするとストレスをためてしまい、他のことにも悪影響を及ぼしてしまいます。

怒りをうまくコントロールする力は、教師にとって大切です。

●6秒間の深呼吸

怒りの気持ちのピークは6秒間といわれています。**カッとなってしまったと気づいたら、深呼吸をして6秒数えましょう。**その上で、本当に怒らなくてはいけないことなのかを考えてみるのです。大抵のことは怒りをぶつけるよりも、冷静に提案したりアドバイスしたほうが伝わります。それでも、どうしても怒りがおさまらない場合は、時間をおいて別の方法を探すといいでしょう。掃除をしない子を怒鳴ってしまったら、次の日に、一緒に掃除をしようと声をかけるなど、よりよい解決策が見つかります。

怒りがコントロールできないと…

怒りの感情をもったままでは、他のことにまで悪影響を及ぼします。

怒りをコントロールすると…

怒り任せの指導よりも冷静な指導のほうが、子どもにしっかり伝わります。

ワンポイントアドバイス

怒りのコントロールの仕方をベテラン教師に聞いてみると、みんないろいろなワザをもっていました。鏡に向かって笑顔をつくる、念仏を唱える、といったものも。自分に合ったワザを見つけましょう！

Chapter 4
6 リフレッシュのために趣味の時間を

> 学校の研究授業の授業者に抜擢されると、放課後遅くまで模擬授業をしたり、土日の休みにも教材研究をしたりと、毎日が充実してきます。何よりも子どものために働けることがうれしく楽しいのですが、休む暇がないと、ちょっと心身ともに疲れが出てきます。

●適度にリフレッシュする時間をつくる

　教師の仕事は、学級経営も授業も本当にやりがいがあります。研究授業や行事など、目標に向かってがんばれるのも素敵です。ただし、「子どものため」とあまりに無理をしすぎるのも心配です。ふと一息ついたときに体調を崩したり、燃え尽き症候群のようにやる気がなくなってしまうこともあります。上手にリフレッシュできる趣味をもつようにしましょう。

●趣味も教師を成長させる

　忙しい毎日。趣味に時間を費やす余裕はないという気持ちもあるかもしれません。でも、教師の仕事は教科書の研究だけではありません。さまざまな趣味をもつことも、教師としての成長につながります。例えば、旅行に行けば、その土地の歴史や文化の勉強になりますし、料理や音楽は、授業でもすぐに活かせます。何より、子どもたちは、教師が夢中になっていることの話を聞くのが大好きです。**趣味に費やす時間を意図的にもつこと**は、非常に大切なことです。

仕事ばかりで疲れてしまうと…

やりがいのある仕事も入れ込みすぎると、体調を大きく崩す原因に。

趣味を意図的にもつと…

趣味で適度にリフレッシュできると、教師としての成長にもつながります。

ワンポイントアドバイス

教師の仕事には直接つながらない趣味でもいいですし、趣味が仕事というのでもいいと思います。大事なのは、力を抜く時間をつくること。教師の仕事は勤務時間外のことも多いのでなおさらです。

Chapter 4

7 やることに優先順位をつける仕事術

新任から数年が経つと、児童会などの仕事を任されるようになります。自分のクラスのことだけではなく、学校全体に関わる仕事なので気合いも入りますが、クラスが落ち着いていないと学校全体の仕事とのバランスが悪くなり、どんどん仕事がたまっていってしまいます。

●仕事の優先順位をつける

　教師としてキャリアを積んでくると、学校全体に関わる仕事も増えてきます。このとき、仕事の優先順位をつけておかないと、全体にも迷惑をかけ、仕事がたまる一方になります。

　仕事の優先順位は、①学校全体に関わること、②学年や他の教師に関わること、③自分のクラスや授業に関わることの順で進めていきましょう。

●すぐやる仕事は80％の出来でOK

　優先順位がはっきりしたら、順位の高いものからすぐに取りかかりましょう。よくないのは、完璧にしようとして一つの仕事に時間をかけすぎてしまうことです。学校全体に関わる仕事は、職員会議などを通して全体で議論した上で決まります。やるべきことは荒くてもいいので、すぐに提案を出すことです。出来具合は80％で十分。とにかく素早くやることで、他の先生に検討をしてもらう時間をつくりましょう。

仕事に優先順位がつけられないと…

仕事をためてしまい、いろいろな人に迷惑がかかります。

仕事に優先順位がつけられると…

優先順位をはっきりさせていくと、仕事がどんどんはかどります。

☞ ワンポイントアドバイス

仕事がたまってくると、あれもこれもと気持ちばかりが焦り、他の仕事もできなくなってしまいます。全体に関わる難しい仕事ほど、周りに早めに相談しながら進められるようにしておきましょう。

Chapter 4

8 ルーティンをつくる

2学期に入ると、行事に追われてどんどん忙しくなっていきます。時間割の変更も多く、バタバタするばかりで子どもへの指示がうまくいかないことも。家庭への連絡が抜けてしまえば、保護者からの苦情も多くなってアタフタしてしまいます。

●毎日決まった時間に決まったことを

プロのアスリートには、いつも決まった動きをしたり、同じ時間にすることを決めているなど、ルーティンをもっている人が多いです。同じ動作を繰り返すことで、精神的に落ち着いたり、いつもと変わらないパフォーマンスが維持できるようにしているようですが、教師も同様です。

仕事の質を安定させるためにも、同じ時間に同じことをするルーティンをつくってみることをおすすめします。

●子どもと一緒にルーティンに取り組む

クラスでルーティンに取り組むなら、子どもと一緒にすることをおすすめします。朝の会の1日のめあてを書く時間には、教師もその日のめあてを書きながら1日の流れをもう一度整理します。帰りに作文を書かせるときには、教師も「見るノート」（p.56～57）をつける時間にします。

子どもたちと同じ時間を共有すると、教師だけではなく、子どもも安心して、心を落ち着かせることができます。

バタバタと仕事に追われてしまうと…

ルーティンをつくると…

> **ワンポイントアドバイス**
>
> 出勤前に散歩や体操をする、帰宅時には本屋に立ち寄る……。どんなことでもいいですが、同じ時間に決まったことを行っていくことは、自分を落ち着かせ、仕事を安定させることにつながります。

Chapter 4
9 「初心忘るべからず」というワザ

高学年の担任経験が増えてくると、1年間の流れも見えてきて、余裕をもって取り組めるようになります。教材研究もすでにできているので、授業も今までに作った教材を活かしながら落ち着いて進められますが、よりわかりやすい授業を目指したいという欲も出てきます。

●いつでも新たな気持ちで挑戦する

　教師もキャリアを積んでくると、行事も授業も流れが見えてきます。今までにプラスして、さらに工夫と意欲をもって取り組めるのが一番いいのですが、ときには慣れが出て、過去のやり方で流してしまうような人もいます。そのときの子どもに合わせて授業を変えたり、行事を変えたりと、新たに挑戦する気持ちを常に大切にしましょう。

●「初心忘るべからず」というワザ

　「初心忘るべからず」というのは能の言葉ですが、これは、最初の舞台のときのような新鮮な気持ちをいつでも呼び起こすようにするというワザとして受け継がれてきたそうです。
　どの授業でも子どもが変われば最初の授業です。知っている、わかっているという気持ちが慢心やマンネリにつながらないよう、「初心忘るべからず」のワザを体得して、リセットする力を上げていきましょう。

「知っている」「わかっている」つもりだと…

慣れが慢心やマンネリを生み出し、思わぬ落とし穴に陥ることもあります。

いつも「初心忘るべからず」でいると…

常に新任の頃のような緊張感とチャレンジ精神が保たれ、子どもも成長していきます。

ワンポイントアドバイス

リセットする力というのは、「わかったつもり」になっている状態を戒める力でもあります。慢心やマンネリは教師の成長を阻みます。いつでも、初心を忘れないように心がけましょう。

Chapter 4
10 教材研究はワクワクするために

各学校の取り組みで授業のパターンはある程度決まります。めあてを書き、一人学びをして、交流し、最後に振り返りを書くという一定の流れがあることで、子どもも安心して取り組めます。流れがあることで教師も楽になりますが、常に教材研究に励み、授業のスキルを上げたいものです。

●教材研究は何のために

授業のパターンを決めておくことで、子どもは授業の見通しが立ち、落ち着いて取り組むことができます。ただ、教師がそのパターンに安住し、漫然とそれを繰り返していたのでは、教師自身の成長も望めません。

授業スキルを上げていくためには、何よりも教材研究が大切ですが、それは授業をこなすために行うものではありません。**教材研究は、まず教師自らが「授業」にワクワクするため**のものです。

●ワクワクする教師の気持ちが子どもに伝わる

授業をするための研究以前に、まず教師がその教材とどう向き合うか。教師にもわからないことや知らないことがあります。それを調べたり考えたりしていくうちに、教材の面白さがつかめてきます。この**教師の見つけた面白さが子どもに伝わると、子どももももっと勉強したいと思うもの**です。授業準備の教材研究から、教師が、そして子どもがワクワクするための教材研究へとつなげましょう。

パターンにはまった授業だけだと…

教材研究の目的を理解できていないと、授業スキルが上がりません。

教師がワクワクする教材研究をすると…

教師の見つけた面白さが子どもに伝わり、学習意欲を引き出します。

👉 ワンポイントアドバイス

国語の教材などは、大人になって読むと、また違った面白さを発見することができます。何度読んでも、何度授業をしても、新たな発見をすることができること。これも教師にとって大切なリセットする力です。

Chapter 4

11 「あの子のため」にがらりと授業を変える

特定教科の授業がうまくいかないことはよくあります。例えば、算数。授業のポイントがわかり、教材研究を行っていても、どうもしっくりいかないことがあります。クラスに算数嫌いの落ち着きのない子どもがいれば、ついその子に振り回されて、悩みも大きくなるものです。

●教材で行き詰まったら、視点を子どもに切り替える

教材研究をしても授業がうまくいかず、さらに教材研究を……、とすればするほど空回りしてしまう。そんなときは、視点をがらりと変えて、子どものことを考えてみましょう。**教室にいる一番しんどい子がどうしたら教材に興味をもってくれるか**。そうして切り口を変えてみると、授業づくりに幅が出て、手応えもつかめてきます。

●「あの子のため」にできる授業

クラスの中のある一人の子のために授業のやり方を全部変える。これも、現場の教師に求められるリセットする力です。「昔はできたのに」「あの子がいるから」ではなく、「あの子のため」に授業のやり方を考えます。それは教師として成長する大きな機会になります。「落ち着きがないからこそ、体を動かす時間をとろう」「競争が好きだから、タイムアタックを入れようかな」などと、授業のやり方を柔軟に変えることができるようになりましょう。

「あの子のせいで」と考えると…

子どものせいにしているうちは、教師として成長はできません。

「あの子のため」に授業を変えると…

「あの子のため」に授業を大きく変える柔軟さは、教師を大きく成長させます。

👉 ワンポイントアドバイス

教師として経験を積んでくると、つい以前と比べてしまうこともあります。経験も大切ですが、そのとき、その場で、今までのやり方をさっと変えられるような柔軟さも教師のスキルとして重要です。

Chapter 4
12 リセットするための片づけ・掃除

学期末になると、急にクラスも授業もうまくいかないということがあります。疲れがたまってくるのか、なかなかてきぱきと動けず、子どもへの指示も通らなくなってきます。そんなとき、同僚からの指摘を受けて、教室が驚くほど汚くなっていることに気づき、ハッとさせられます。

●しんどいときこそ片づけ・掃除をする

学期末にしんどいのは、仕事がたまってくるからかもしれませんね。そんなときは、**思い切って片づけ・掃除をする時間をとりましょう。**

返却しないといけないプリント、コメントをつけていない日記などがたまっていると、気分も沈んできます。子どもに返却する、整頓する、思い切って捨てるなど、リセットする機会をつくりましょう。

●リセットするための片づけ・掃除を日常に

後始末の片づけ・掃除は、できる限り日常のルーティンに組み込みましょう。職員室を出る前に、机の上には何もない状態をつくる。教室を出る前に、帰りの会で掃除の時間をつくり、教師も子どもと一緒に机をきれいに片づける。1日の終わりに後始末をきちんとすると、すっきりするものです。

仕事を積み残すことはあっても、その時間の区切りとしての片づけ・掃除の時間は、ぜひ大切にしてください。

掃除ができずに汚れがたまってくると…

教室や机が乱れてくるだけではなく、仕事がたまってしんどくなってきます。

リセットする片づけ・掃除を習慣にすると…

区切りのときには、掃除が効果大！リセットする力がどんどん上がります。

👉 ワンポイントアドバイス

僕も片づけや掃除が苦手です。だから、忙しいと後回しになってしまいます。でも、その結果、書類を探したり、ミスをしたりと、もっと忙しくなります。忙しいときほど、片づけ・掃除の時間をとるように心がけたいものです。

Column 4

子どもたちから学ぶ

　教師になって数年。大人しくて、なかなか人前で話せないAさんがいました。少しずつ少しずつ、教師との関係もできてきて、周りの子どもたちともつながるようになってきました。2学期の終わり頃には、授業の中でも発表できるようになり、「もう、この子は大丈夫！」と思えるくらい自然とクラスの中にとけ込んでいました。

　そうして迎えた3学期の授業参観日のことです。一人ひとりが自分の夢について語る国語の授業でした。順番に堂々と語る子どもたち。保護者の方々も感動して、涙を流す人もいました。そんな中、Aさんの番です。Aさんは固まってしまい、発表できずに泣き出してしまったのです。「もう、大丈夫！」と思い込んでいた僕は油断し、保護者の前でどうすればいいかわからずに、ただうろたえるばかり。すると、周りの子どもたちがそっと側に行き、泣いているAさんに声をかけ始めました。

　「読める？　私が代わりに読もうか？」

　「大丈夫！　もう発表もできるようになったでしょ」

　「みんな、もっと静かにしてあげて。自分で読むって」

　本当に小さな声でやっと読むスピーチも、しーんとなった教室では聞こえてきました。

　そのときも、僕は、結局何もできませんでした。

　この光景は、今でも忘れられません。学級をもつとき、授業をつくるとき、いつもこの光景がはじめに浮かびます。このときの教師としての僕の失敗と子どもたちの成長とが、僕の原点といっても過言ではありません。

Chapter 5

教師で
あり続けるために
──学び続ける教師になる！

Chapter 5

1 できないままで、いいわけはない

くよくよして、人に頼ってばかりで落ち込んで……。教師になってからそんな毎日ばかりが続くと、教師に向いていないのではないかと自信がなくなります。でも、そんなときこそ、応援してくれる同僚や先輩、元気な子どもたちの姿を、自分の元気に変えていきたいものです。

●すぐにできるわけではない

　Chapter 1の中でも触れてきたように、**「教師に向いていない」と考えられる人こそ教師に向いています**。僕も、その言葉を胸にがんばってきました。自分にもできないことがあるからこそ、子どもにも共感できる。わからないからこそ、振り返って勉強できる。そして、子どもの前では元気に立っている。それが、教師として成長できるための根っこの力になります。

●悩んだままでは成長できない

　だからといって、できないままで、いいわけはありません。新任として採用された学校では、同僚も、子どもも、保護者も、新任のときから知っている教師として接してくれます。しかし転任し、ある程度のキャリアを積んでからは、できて当たり前という目で見られます。だからこそ、「共感する力」「振り返る力」「リセットする力」を磨き、悩みながらも教師として成長できる習慣を身につけましょう。

できないままでいると…

失敗して、悩むことも重要ですが、ずっとそのままでは成長できません。

教師力を磨いて成長する努力をしていくと…

失敗してくよくよしても、元気に自分の力を磨いていくと、成長できる教師に。

ワンポイントアドバイス

僕も、新任の頃から失敗ばかり。多くの先輩に支えてもらっていました。自分の失敗談をいつか後輩たちに話せるように、今のうちにたくさん失敗をして、それを糧に成長する教師になってください。

Chapter 5
2 「子どもが好き」だけではダメ

子どもたちがかわいくて、素直に言うことを聞いてくれると、毎日がとても楽しいものです。教師の仕事に充実感が得られ、これからも大好きな子どもたちと過ごしていきたいとワクワクしますが、そんなとき、何か見落としてしまっていることはないでしょうか。

●子どもが好きなのはよいことですが

　子どもが好き。教師を志望する理由でよく聞きます。もちろん子どもが好きなのはとても大事なことですが、それだけで教師を続けられるかというと、そうではありません。子どもは、いろいろな面をもっています。「かわいい」「素直」な面だけではありません。また、さまざまな背景をもつ子もいます。そうしたすべてに対して向き合える教師でなければ、教師という仕事を続けてはいけません。

●子どもを伸ばす責任をもつ

　子どもが好きなだけではなく、**子どもを伸ばすことが好きな教師**になりましょう。どの子も、「成長したい」と思って学校に来ています。
　悪態をつく子も、意地悪する子も、やる気がないように見える子も、みんな成長したくてたまらないのです。その子たちが少しずつ成長しているところを見つける力をつける。成長させるための技術を身につける。そういった責任を果たせる教師になってこそ、一人前です。

子どもが好きなだけだと…

「子どもが好き」だけでは、やっていけないことがたくさんあります。

子どもを伸ばすことが好きだと…

教師として必要な力を磨くことに夢中になれます。

👉 ワンポイントアドバイス

新任の頃、僕も「『子どもが好き』だけではダメ！」とアドバイスを受けました。子どもを育てるプロとしての自覚をもって、日々、研究を続けられる教師でいたいものですね！

Chapter 5

3 教師が「師」をもつこと

教師になり、小学校のすべての学年が経験できると、6年間の流れがよくわかってきます。苦労を重ねた分、自分なりのやり方も見えてきて、ようやく一人前の教師としてやっていけそうな気持ちになるものですが、心がけなければならないこともまだまだあります。

●常に学び続けるための「師」をもつ

キャリアを積んでくると、教師としてやるべきことが見えてきます。自分なりのやり方もつかめてきて、自信を深める時期です。しかし、自分なりのやり方が固まるというのは、よいことばかりではありません。

常に学び続け、成長していくことができる教師であるためには、教師自身が「師匠」をもつことが大切です。

●あこがれにあこがれる

自分なりにできると過信してしまうと、子どもに合わせた変化や時代に応じた変化に対応できない教師になってしまいます。教師もあこがれて、「こんな教師になりたい」というモデルを見つけましょう。そして、その教師の授業や生き方から学ぶのです。教師自身が学び続けていること。師をもつこと。そうやって**あこがれをもっている教師に子どもはあこがれます**。「あこがれにあこがれる」こと。これが、教師が「師」として子どもたちの前に立つときのポイントです。

自分はできると過信していると…

できる、やれると思ったときこそ、見つめ直しましょう。

教師が「師」をもち学び続けると…

学び続ける教師は、変化にも柔軟に対応でき、子どもにとってのあこがれです。

👉 ワンポイントアドバイス

「学び続ける者こそが、教えることができる」ということを、僕も師匠から教わりました。授業はできる気になっても、生き方、考え方など、学ぶことはたくさんあります。ともに学び続けましょう！

Chapter 5

4 子どもの姿から学ぶ

中堅と呼ばれる存在になってくると、学年の世話係なども任されるようになり、多方面に忙しくなってきます。そのようなとき、クラスのやんちゃな子の存在が学級経営に支障をきたしているように思えてしまうことがあり、ハッとさせられます。

●課題のある子どもこそ教師の成長の糧

　新任の頃は、クラス編制にも配慮があって、課題のある難しい子どもをもたないこともあります。しかし経験を積んでくると、課題のある子どもを受けもつこともあり、クラスがうまくいかなくなることもあるでしょう。すると、気がつけば「あの子のせいで……」などと思ってはいないでしょうか。「**あの子がいるおかげで気づきが得られる**」と考えることが、教師としての成長につながるのです。

●子どもの姿から学び続ける

　たいへんな子、しんどい子、ダメな子……。それは教師の都合で見た評価です。そう思ってしまう子どもがいるときこそ、教師としての幅を広げるチャンスなのです。今までのやり方が通用しない、どうしても共感できない、そんな子どもに出会ったら、自分のやり方を見直し、新たな気持ちで試行錯誤してみましょう。「あの子」も含めて授業や学級経営ができたとき、教師力が上がったといえます。

「あの子のせいで」と考えると…

「あの子が気づかせてくれる」と考えると…

🔍 ワンポイントアドバイス

「ある程度、仕事ができるようになってきた」、そんな風に思い始める頃に、それを覆してくれる子どもに出会います。僕は、今では、そんな子との出会いを願いながら新年度を迎えるようになりました。

Chapter 5

5 人格の完成を目指して

教師になって10年くらい経つと、若い頃のように授業のことや学級経営のことに燃えなくなることもあるといいます。担任ではなく教務として全体を見る立場にもなると、管理職や教育委員会の話も出てくるようで、将来、どの方向に進むべきか非常に悩むものです。

●教師としての成長は、人間としての成長

　教師の仕事の面白さ。それは、授業や学級経営がうまくできることだけではなく、**人間として成長したことがそのまま教師としての力になり、仕事の面白さになる**のだと思います。

　若手と呼ばれた頃のように、子どもと密接につながることから、親のような気持ちで子どもを育てる。現場から離れ、子どものための環境をマネジメントする。どの立場でも、人間としての成長が活かせるはずです。

●教師力を上げるということは、人格の完成を目指すこと

　教育基本法の第1条には、教育の目的が記され、「教育は、人格の完成を目指し……」とありますが、教師も人格の完成を目指す途上にあります。そして、その教師が人格の完成を目指して、日々悩み、日々学び、そうして日々元気に過ごしている。その姿こそが、子どもが人格の完成を目指すモデルになるのです。

　教師力とは、まさに教師が人間として成長する力のことだと思います。

目的なく教師を続けていると…

人格の完成を目指して成長しようとすると…

ワンポイントアドバイス

20代を過ぎ、30代、40代、50代となっても、きっと教師の仕事はやりがいのある楽しい仕事です。自分自身が成長することが、そのまま子どもに大きく影響していく、それが教師の仕事の楽しさです。

Chapter 5

6 失敗したことを笑って話せる職場に

後輩教師が増えてくると、当然教える立場にもなります。その際、若手の特徴なのか、言われたことはてきぱきやるのに、自分からやろうという気持ちが見えないのが気になることがあります。失敗を怖がる気持ちもわかりますが、もっと積極的にチャレンジしてほしいと思います。

●失敗したことを笑って共有する

「最近の若い子は……」なんて言われていた自分も、キャリアを積むと、同じようなことを言っていることに気づきます。教える立場になると、きちんとやるべきことを教えることも大事です。同時に、自分も若いときは、多くの失敗をしてきたことを教えてあげましょう。失敗にくよくよして、悩んで、同僚や先輩に頼りまくったこと。その経験があってこそ今があります。そんなことを共有できる職場にしてください。

●失敗したことを笑って話せる職場に

今の教育現場は、昔に比べて窮屈になっているといわれます。確かに、教師に求められることは多く、失敗できない雰囲気もあります。でも、失敗は若いときにこそできるものです。現場の最前線にいる身としては、**積極的に失敗体験を共有し、そこからみんなで次の一歩を考える**、そんな雰囲気の職場でありたいと思います。高い教師力をもった教師のいる、教師力にあふれた職場づくりを目指しましょう。

失敗の許されない雰囲気だと…

失敗を恐れてビクビクしている職場では、若い教師が一人前に育ちません。

失敗したことを笑って話せる雰囲気だと…

周りに相談して、一緒に助け合える職場では、みんなが成長できます。

👉 ワンポイントアドバイス

教師力というのは、教師一人の力だけではなく、学校全体の力のように思います。教師同士がお互いに共感し、振り返り、そうして元気でいる。お互い、教師力にあふれる学校にしていきましょうね。

Column 5

レッツ飲みニケーション

　ある学校で行った研究会での最後の言葉が忘れられません。
　校長先生が、「今から、職員一同で飲みに行きます。みなさま、早く帰ってください」と言うと、職員の方たちがどっと笑ったのです。僕は、その様子を見て、「こんな職場で働きたい！」と強く思いました。全国から1000人近い教師を集めた公立小学校。たいへんなことをやっているのに、その学校の教師たちは自然体で、いつも通りに振る舞っていました。授業や子どもたちの姿にも感動しましたが、何よりもそんな学校の雰囲気に強くあこがれました。
　それからは、できる限り、職員同士が気軽に交流できる機会をつくるようにしています。最近は、飲み会だと参加しにくい人もいるので、バーベキューや茶話会も。ときには、男ばかりを集める会を企画したり、女子会の中にゲスト参加させてもらったり。また、自分の子どもが通う学校のPTAの飲み会や地域の集まりにも顔を出すようにしています。
　いろいろな場所で、いろいろな立場の人と、共通の話題である「教育」について話す。会議で堅苦しく話すだけではなく、日常的に話せる場所があることが、何より教師としての力を磨いてくれるのではないかと思います。

著者紹介

桔梗友行（ききょう ともゆき）

1977年、宮城県生まれ。神戸大学大学院修了後、兵庫県の公立小学校教諭として勤務。子どもの「元気」と「根気」と「本気」を育てる湧気教育を実践中。ユニット授業や『学び合い』に取り組む。阪神教育サークル「楽笑」、神戸学力研「おもちゃばこ」に所属。「学び合う会 in 神戸」主宰。編著書に『子どもの力を引き出す 新しい発問テクニック』『朝の会・帰りの会 基本とアイデア184』（ナツメ社）、著書に『○×イラストでわかる！ 新任3年目までに身につけたいクラスを動かす指示のルール』（学陽書房）などがある。

やり方ひとつでこんなに変わる！
20代教師のためのクラス回復術

2016年10月18日　初版発行

著者	桔梗友行（きょうともゆき）
ブックデザイン・DTP制作	スタジオトラミーケ
イラスト	加藤陽子
発行者	佐久間重嘉
発行所	株式会社 学陽書房
	東京都千代田区飯田橋1-9-3　〒102-0072
	営業部　TEL03-3261-1111　FAX03-5211-3300
	編集部　TEL03-3261-1112　FAX03-5211-3301
	振　替　00170-4-84240
	http://www.gakuyo.co.jp/
印刷	加藤文明社
製本	東京美術紙工

©Tomoyuki Kikyo 2016, Printed in Japan
ISBN978-4-313-65322-1　C0037

乱丁・落丁本は、送料小社負担にてお取り替えいたします。
定価はカバーに表示してあります。

大好評！ 学陽書房刊 桔梗友行の本

○×イラストでわかる！
新任3年目までに身につけたい
クラスを動かす指示のルール

指示を制する教師はクラスを制す！

子どもに伝わりやすい指示の出し方のルールがわかる！

どうしてあの先生の指示には子どもが従うのか？ 子どもが教師の意図どおりにみるみる動くようになる指示のしかたとは？ 新任3年以内にマスターしておきたい指示の極意を、イラストと短い文で、わかりやすく伝える本書。クラス運営が格段にやりやすくなることを実感できる一冊です！

定価＝本体1700円＋税